리더십을 쓰다

리더의 소양

001 리더의 소양

리더십은 영향력을 행사하는 능력이다.

— 존 맥스웰(John C. Maxwell)

위대한 리더는 사람들이
자신의 가치를 발견할 수 있도록 돕는다.

— 잭 웰치(Jack Welch)

003 리더의 소양

리더십은 비전을 현실로 바꾸는 능력이다.
리더는 사람들에게 영감을 주고,
그들이 자신의 능력을
최대한 발휘할 수 있도록 돕는다.

— 워렌 베니스(Warren G. Bennis)

리더십은 비전, 영감, 도전, 격려,
그리고 변화를 통해 사람들을 이끄는 능력이다.
리더는 목표를 설정하고, 팀을 동기부여하여
그 목표를 달성하게 만든다.

— 제임스 엠 쿠제스(James M. Kouzes) & 배리 Z. 포스너(Barry Z. Posner)

005   리더의 소양

리더십은 상황에 따라 적절한 행동을 선택하고,
이를 통해 팀을 이끌어 나가는 능력이다.
효과적인 리더는 상황에 맞게
다양한 리더십 스타일을 적용할 줄 안다.

— 허쉬(Hersey) & 블랜차드(Blanchard)

006 리더의 소양

위대한 리더는 다른 사람들이
최선을 다할 수 있도록 돕는다.

— 해리 트루(Harry Truman)

리더십은 다른 사람들에게
책임을 지도록 만드는 것이다.
그러나 모든 책임을 지는 것은
리더의 의무이다.

— 존 맥스웰(John C. Maxwell)

008 리더의 소양

리더의 역할은 사람들이 자신의
잠재력을 발견하고 발휘할 수 있도록
돕는 것이다.

— 켄 블랜차드(Ken Blanchard)

009 리더의 소양

리더십은 책임을 지는 능력이다.

— 사이먼 시넥(Simon Sinek)

010 리더의 소양

리더는 사람들의 신뢰를 얻어야 한다.

— 워렌 베니스(Warren G. Bennis)

011 리더의 소양

위대한 리더는 다른 사람들의 잠재력을
발견하고 이끌어낸다.

— 콜린 파월(Colin Powell)

012 리더의 소양

리더의 행동, 태도, 자세는 그것이
선이든 악이든 본인 한 사람에 그치지 않고
집단 전체에 등불처럼 확산된다.
집단, 그것은 지도자를 비추는 거울인 것이다.

— 이나모리 가즈오(稻盛 和夫)

013 리더의 소양

나의 리더십의 핵심은 사람들에게
확신을 불어 넣는 것이라 믿는다.

— 하워드 슐츠(Howard Schultz)

014 리더의 소양

리더십의 핵심은 비전을 제시하는 것이다.
그리고 비전은 어떤 경우에라도
명확하게 제시되어야 한다.
제대로 소리도 못 내는 트럼펫에는
아무도 귀를 기울이지 않는다.

— 시어도어 헤스버그(Theodore Hesburgh)

015 리더의 소양

위대한 그룹을 만들기 위해
리더가 할 수 있는 최선의 일은
각각의 구성원들이 스스로의 위대함에
눈뜨게 하는 것이다.

— 워렌 베니스(Warren G. Bennis)

016 리더의 소양

리더가 된다는 것은
자기 자신이 된다는 것과 동의어이다.

— 워렌 베니스(Warren G. Bennis)

017 리더의 소양

가장 만족스러운 결과를 얻는 사람은
가장 뛰어난 아이디어를 가진 사람이 아니다.
동료들의 머리와 능력을
가장 효과적으로 조율하는 사람이다.

— 알톤 존스(Alton Jones)

018 리더의 소양

신념이 있는 사람이라면 어디서나
똑같은 신념으로 협력을 하려 들 것이며,
신념이 없는 사람은 그가 누구와 함께 일하든지
대충 살아가려고 할 것이다.
협조한다는 것은
가장 높은 의미에서든 가장 낮은 의미에서든
생을 같이하는 것을 뜻한다.

— 헨리 데이빗 소로우(Henry David Thoreau)

019 리더의 소양

자신의 생각이 틀릴지도 모른다고 인정하면
결코 곤란한 상황에 빠지지 않는다.
또한 이런 일은 모든 논쟁을 중단시키며,
상대방으로 하여금 공평하고 솔직하며
너그러운 마음을 갖도록 만들 것이다.
어쩌면 자기 생각이 틀릴지도 모른다고
인정하고 싶은 마음이 생기게 할지도 모른다.

— 데일 카네기(Dale Carnegie)

020 리더의 소양

"제가 잘못했어요"라는 한마디는
긍정적인 사람들의 말이다.
이 말은 불편한 인간관계로부터 오는 고통을
사라지게 하고, 협상을 진행시키며,
논쟁을 끝내고, 치유를 시작하고,
심지어 적을 친구로 바꾸는 일을 할 수 있다.

— 리치 디보스(Rich DeVos)

현재 보이는 모습만을 보고 대하면
그는 지금의 상태로 머물러 버린다.
그러나 숨겨진 잠재력을 다 발휘한 사람처럼
대하면 종래에는 그렇게 만들 수 있다.

— 요한 볼프강 폰 괴테(Johann Wolfgang von Goethe)

022 리더의 소양

누군가에게
스스로 성장하는 방법을 가르치는 것은,
한 사람이 다른 사람에게 해줄 수 있는
가장 위대한 일일 것이다.

— 벤저민 조엣(Benjamin Jowett)

023 리더의 소양

현실 직시는 훌륭한 리더십의 출발점이다.
탐험을 떠나기 전에 지도에서
'현 위치'를 파악하는 것과 같다.

— 존 맥스웰(John C. Maxwell)

나의 사업 모델은 비틀즈와 같다.
비틀즈는 서로의 부정적인 성향을 체크해주는
네 명의 멤버로 구성되어 있다.
네 명 모두가 균형을 갖추었기에
전체는 부분의 합보다 강력할 수 있었다.
이것이 바로 내가 사업을 보는 방식이다.
위대한 사업은 결코
한 사람에 의해 진행되지 않는다.
사람이 모인 팀에 의해서만 가능하다.

— 스티브 잡스(Steve Jobs)

모든 직원들을 내 집단$^{\text{in-group}}$으로
만들려는 노력이 필요하다.
얼굴 보고 이야기 할 시간을 주고,
적극적으로 경청하며, 서로에 대한
기대감과 업무 스타일 선호 경향을 공유하자.
그러면 팀은 제대로 운영될 것이다.

— 마크 허윗(Mark Hewitt) & 사만다 허윗(Samantha Hewitt)

회사는 경영자 개인의 놀이터가 아니다.
직원의 삶을 보장하는 터전이고
인류와 사회의 진보와 발전에 공헌하는 곳이다.

— 이나모리 가즈오(稻盛 和夫)

리더십은 파트너십이고,
사랑이 답이다.

― 켄 블랜차드(Ken Blanchard) & 스콧 블랜차드(Scott Blanchard)

028 리더의 소양

막대기나 돌멩이는 내 뼈를 부러뜨릴 수 있다.
하지만 말은 마음을 무너뜨린다.

— 로버트 풀검(Robert Fulghum)

029 리더의 소양

가르치는 내용이 아닌,
가르치는 방법이 메시지가 된다.
밀어 넣지 말고 이끌어 내라.

— 애슐리 몬터규(Ashley Montagu)

잔혹함은 무감각과 나약함에서 나온다.

— 세네카(Seneca)

031 리더의 소양

다른 사람의 의견으로
자신의 내면의 목소리를 가리지 마라.

— 스티브 잡스(Steve Jobs)

본 것이 적은 자는 해오라기의 눈으로
까마귀를 검다고 비웃고,
오리의 눈으로 학의 다리가 길어
위태롭다고 여긴다.
각각의 사물은 본래 괴이할 것이 없어도
제멋대로 화를 내고,
한 가지라도 똑같지 않으면
만물을 모조리 업신여긴다.

― 박지원(朴趾源)

033 리더의 소양

항상 확신하는 사람은 어리석고,
어리석은 듯이 행동하는 사람은 확실하다.

— H. L. 멩켄(H. L. Mencken)

034 리더의 소양

진정한 무엇인가를 발견하는 여행은
새로운 풍경을 찾는 것이 아니라,
새로운 눈을 가지는 것에 있다.

— 마르셀 프루스트(Marcel Proust)

035 리더의 소양

역발상을 위한 질문이 없으면
창의적인 정답도 있을 수 없다.

— 《사장의 일 임원의 일 팀장의 일 팀원의 일》 류랑도

스스로를 순한 양으로 만드는 순간,
늑대들이 너를 공격할 것이다.

— 벤자민 프랭클린(Benjamin Franklin)

037 리더의 소양

최고의 수다쟁이가 되는 것과
최고의 아이디어를 갖는 것 사이에는
아무런 상관관계가 없다.

— 수잔 케인(Susan Cain)

038 리더의 소양

'나'를 주장하지 않기에
'나'를 이룰 수 있다.

— 노자(老子)

사람이 지극히 어리석어도
남을 꾸짖는 데는 밝고,
아무리 총명해도
자기를 용서하는 데는 어둡다.

— 《소학》

040 리더의 소양

사람의 근심은
남을 모르는 데 있지 않고
자신을 모르는 데 있다.
오직 자신을 알지 못하므로
남이 기리면 기뻐하고
남이 헐뜯으면 슬퍼한다.

— 《진암집》

041 리더의 소양

난해한 문자로 모호한 이야기를 지어
실정을 전달하는 데 차질이 생기는 것보다는
명쾌한 주제와 쉬운 말에 의지하여
실제 상황을 드러내려 힘쓰는 것이 옳다.

— 《서유견문》

042 리더의 소양

말이 간결한 자는 도에 가깝다.

— 《격몽요결》

사람들은 기계와 자동화된 답변이 아닌
사람들이 상대하기를 원한다.
일을 할 때 인간적이고 개인적으로 대하라.
겸손한 대응이 핵심이다.

— 세스 고딘(Seth Godin)

044 리더의 소양

언어란 날개에 의존하지 않고서도
아주 쉽게 멀리까지 전해질 수 있고,
감정은 뿌리에 의지하지 않고서도
어렵지 않게 맺힌다.
그렇다면 문자를 사용하여
그것들을 전달하고자 할 때
어찌 신중을 기하지 않을 수 있겠는가?

— 《문심조룡》

세상에는 좋은 것도 나쁜 것도 없다.
생각이 그렇게 만들 뿐이다.

— 윌리엄 셰익스피어 (William Shakespeare)

046 리더의 소양

스승이 아니라 스승이 제시하는
가르침에 의지하라.

— 붓다(Buddha)

047 리더의 소양

실패가 성공의 밑거름이라고 할지라도
실패 후 분석이 수반되지 않으면
실패로 끝날 뿐이다.

─ 《사장의 일 임원의 일 팀장의 일 팀원의 일》 류랑도

048 리더의 소양

만약 옛날과 오늘날 가운데
취사선택을 해야 한다면,
내가 살아가고 의지해야 할 것은
오늘날에 있지 옛날에 있는 게 아니다.
차라리 옛날을 버릴지언정
오늘날을 버려서는 안 된다.

— 최한기(崔漢琦)

049 리더의 소양

최상의 전쟁은 적의 전략을 공격하는 것이고,
그다음은 적의 외교를 공격하는 것이며,
그다음은 적의 군대를 공격하는 것이고,
최하의 정책은 적의 성을 공격하는 것이다.

— 《손자병법》

성실함이란, 스스로 자기 자신을
이루는 데 그치는 것이 아니라,
자기 이외의 것들도 이루게 한다.
자기 자신을 이루는 것은 어짊이요,
자기 이외의 것들을 이루게 하는 것은
지혜로움이다.

— 《중용》

051 리더의 소양

자극과 반응 사이에 공간이 있다.
그리고 그 공간에서의 선택이
우리 삶의 질을 결정짓는다.

— 빅터 프랭클(Viktor Frankl)

052 리더의 소양

놀라운 결과를 경험하기 위해서,
아침에는 메이커가 되고
오후에는 매니저가 돼라.

— 게리 켈러 (Gary Keller)

큰 문제없이 칭찬만 받고 성장한 사람들이
자신의 실수를 덮으려 하고,
인정하지 않으려는 성향이 일부는 있습니다.
어리석은 일입니다.
자신은 물론 조직이나 동료에게
큰 부담을 주는 행위입니다.
그것이 자꾸만 쌓이면 신뢰마저 잃고
모든 것을 잃게 됩니다.

― 《제법 괜찮은 리더가 되고픈 당신에게》 장동철

나와 당신이 어디서 무슨 일을 하든
그 과정과 성과에 영향을 미치는
가장 중요한 문제가 있다.
바로 '이 일의 책임을 누가 져야 하는가?'이다.
대부분 우리가 그냥 지나치거나 대충하는
일들은 책임과 권한의 부재와 연관이 있다.

— 《모두가 플레이어》 정보미, 전수정, 이치영, 이종찬, 이재하, 우시혁,
　오준엽, 서인수, 노유진, 김종원, 김문경

나는 마침내 모든 위기가
관리될 수 있는 것은 아니라는 것을 깨달았다.
우리가 우리 자신을 안전하게 지키고 싶은 만큼,
우리는 모든 것들로부터
우리 자신을 보호할 수는 없다.
삶을 포용하려면 혼돈도 감수해야 한다.

— 수잔 엘리자베스 필립스(Susan Elizabeth Phillips)

056 리더의 소양

아무도 혼자 성공하지 못하고
아무도 혼자 실패하지 않는다.
주변 사람들에게 주의를 기울여라.

— 게리 켈러(Gary Keller)

천하의 선은 홀로 독점할 것이 아니라
반드시 남과 더불어 함께해야 하니,
이것이 이른바 공정하되
사사롭지 아니하다고 하는 것이다.

— 박세당(朴世堂)

배려야말로 궁극적인 경쟁 우위이다.

— 론 켄드릭(Ron Kendrick)

사심 없는 순수한 공헌의 힘을 아는 사람만이
삶의 가장 큰 기쁨인
진정한 성취감을 경험한다.

— 앤서니 로빈스(Anthony Robbins)

우리와 같은 조직 내에서 질문은
미래에 대한 불확실성을 조금 더 안전하게
바꾸는 과정이기도 합니다.
그래서 상대를 존중하며 질문을 하는 일은
정답이 없는 세상에서
좀 더 옳은 판단을 하기에 좋은
삶의 방법입니다.

─《제법 괜찮은 리더가 되고픈 당신에게》 장동철

061 리더의 소양

어떤 위치에 있더라도
사내외에서 멘토 한두 명 정도를 정해서
주기적으로 소통을 했으면 한다.
자신만의 세계에 갇히는
우(愚)를 볼 수 있게 해 준다.
혹시 당신은 멘토가 있는가?
그런데 멘토는 기다리는 게 아니라
먼저 찾아 나서는 것이다.

— 《행복한 리더가 끝까지 간다》 김영헌

062 리더의 소양

이끌거나,
따르거나,
비켜서라!

— 테드 터너(Ted Turner)

063 리더의 소양

실패할지도 모른다는 두려움 때문에
정의로운 것을 포기해서는 안 됩니다.
요컨대 마음속에 두려움이
우리를 요동하지 않도록 해야 합니다.

— 링컨 (Abraham Lincoln)

064 리더의 소양

승리는 습관이다.
안타깝지만 패배 역시 습관이다.

― 빈센트 롬바르디 (Vincent Lombardi)

065   리더의 소양

무슨 답을 하는지보다는
무슨 질문을 하는지를 통해
사람을 판단하라.

— 가스통 피에르 마르크(Gaston Pierre Mark)

동기부여

동기부여는 사람들이 자신의 능력을
최대로 발휘하도록 이끄는 힘이다.

— 하워드 애덤스(Howard Adams)

067 동기부여

사람들은 의미 있는 일을 하고 싶어 한다.

— 프랭크 로이드 라이트(Frank Lloyd Wright)

동기부여는 사람들의 잠재력을 깨우는 열쇠다.

— 앤서니 로빈스(Anthony Robbins)

사람들은 자신의 노력이 인정받을 때
가장 동기부여된다.

— 제임스 버크(James Burke)

070 동기부여

동기부여는 사람들이 자발적으로
최선을 다하도록 이끄는 힘이다.

— 피터 드러커(Peter Drucker)

동기부여는 사람들의
열정을 불러일으키는 것이다.

— 마크 트웨인(Mark Twain)

072 동기부여

동기부여는 사람들이 자신의 잠재력을
실현하도록 이끄는 힘이다.

— 아브라함 매슬로(Abraham Maslow)

073 동기부여

동기부여란, 그들의 꿈을
명확하고 선명하게 그려주며,
그곳에 다다르게끔
꿈을 정의해 주는 역할이 중요하다.
꿈이 간절하고 크다면
현재 처한 상황은 전혀 문제가 되지 않는다.

— 임주성

074 동기부여

동기부여는 사람들이 자신의 의미 있는 기여를
할 수 있도록 이끄는 힘이다.

— 케네스 블랜차드(Kenneth Blanchard)

075 동기부여

높이 스스로를 이끌어 가려고 한다면,
굳이 장벽에 맞서 나가야 한다.
그때, 제일의 장벽은
안일을 추구하는 자신의 마음이다.
그런 자신을 극복하여 장벽을 극복하고
뛰어난 성과를 거둘수 있다.

— 이나모리 가즈오(稻盛 和夫)

우리가 하는 일은
단순한 생산성 향상이 아니라
삶의 의미를 찾아가는 여정이다.

— 엘 티거트(L. Tigrett)

우리가 하는 일은 단순한 작업이 아니라
삶의 의미를 담고 있다.

— 마이클 J. 폭스(Michael J. Fox)

078 동기부여

구성원들이 안전하다고 느낄 때
창의성과 몰입도가 높아진다.

― 존 G. 밀러 (John G. Miller)

구성원들이 위험을 감수하고 도전할 수 있는
심리적 안전감이 필요하다.

— 데이비드 그로스만(David Grossman)

080 동기부여

사람들은 인정받고 싶어 한다.
그것이 그들의 가장 큰 동기부여 요인이다.

— 데일 카네기 (Dale Carnegie)

081 동기부여

칭찬은 사람들의 자신감을 높이고
더 나은 성과를 내도록 이끈다.

— 브라이언 트레이시(Brian Tracy)

진정한 리더는
구성원들의 공헌을 인정하고 격려한다.

— 콜린 파월 (Colin Powell)

083 동기부여

구성원들이 자신의 가치를 인정받을 때
더욱 충성스럽고 생산적이 된다.

— 워런 버핏 (Warren Buffett)

084 동기부여

리더의 가장 중요한 역할은
사람들의 마음을 움직여
그들의 행동을 변화시키는 것이다.

— 피터 드러커(Peter Drucker)

진정한 영향력 있는 리더는
사람들의 마음을 움직여
그들의 행동을 변화시킨다.

— 토마스 J. 왓슨(Thomas J. Watson)

086 동기부여

리더십은 사람들이 자발적으로
목표를 달성하도록 동기를 부여하는 힘이다.
이러한 리더십은 단순히
명령을 내리는 것이 아니라,
사람들의 마음을 움직여서
그들이 스스로 목표를 향해 나아가게 만든다.
리더십의 본질은 바로
사람들의 마음을 움직이는 데 있다.

― 《커리지》 최익성

087 동기부여

진정한 리더는 앞서 가는 사람이다.

— 존 맥스웰 (John C. Maxwell)

동기부여

리더의 역할은 구성원들이
행복하게 일할 수 있도록 하는 것이다.

— 리즈 윌슨(Liz Wilson)

089 동기부여

좋은 리더는 구성원들이 일하면서
기쁨을 느낄 수 있는 조직 환경을 만든다.

— 데일 카네기 (Dale Carnegie)

090 동기부여

구성원들이 자신의 취약점을 드러내도
받아들여질 수 있는 신뢰가 필요하다.

— 브렛 브라운(Brett Brown)

구성원들이 실수를 두려워하지 않고
배울 수 있는 환경을 만들어야 한다.

— 앤 버크(Ann Burke)

092 동기부여

사람은 주위 사람들로부터 칭찬받고자 하며,
자신의 진정한 가치를 인정받기를 원한다.
자기 자신의 세계에서 중요한 존재이고자 한다.
사람들은 경박한 아첨은 듣고 싶지 않지만
진심에서 우러나오는 칭찬은 열망한다.

— 데일 카네기 (Dale Carnegie)

다음 휴가가 언제인지 궁금해하는 대신
탈출이 필요없는 삶을 설정해야 한다.

— 세스 고딘 (Seth Godin)

094 동기부여

사람들에게 단지
일할 기회만 부여할 것이 아니라
회사에 영향을 미칠 기회를 부여하라.
그러면 그들은 롤러스케이트를 타고
여기저기를 뛰어다니며
바람을 일으킬 것이다.

— 로버트 하웁-퍼러(Robert Hauptfuhrer)

사람들은 회사에서 새로운 일을 배우고
보람 있는 일을 하기를 원한다.
따라서 돈만으로는 사람들에게
동기부여를 할 수 없으며,
그들이 하고 있는 일이
우리가 살고 있는 세상을 변화시킨다는 사실을
깨닫게 하는 것이 중요하다.

— 프란시스 헤셀바인 (Frances Hesselbein)

만약 배를 만들고자 한다면
사람들을 불러모아
나무를 모으고 일을 분담하고
명령을 내리려 들지 마라.
대신 이들이 방대하고 끝없이 넓은 바다를
꿈꾸도록 가르쳐라.

— 생떽쥐베리 (Antoine Marie Roger De Saint Exupery)

그대의 자질은 아름답다.
그런 자질을 가지고 아무것도 하지 않겠다 해도
내 뭐라 할 수 없지만
그대가 만약 온 마음과 힘을 다해 노력한다면
무슨 일인들 해내지 못하겠는가.

― 세종(世宗)

실
행
력

꾸준한 노력이 함께하지 않는 꿈은
몽상에 불과하다.
꿈에는 지름길이 없다.

— 이나모리 가즈오(稲盛 和夫)

099 실행력

무언가를 시작하려 할 때,
그 꿈을 꿀 수 있는 용기만 있다면
그 즉시 시작하라.

— 하워드 슐츠(Howard Schultz)

100 실행력

실행력이 없는 리더십은 공허하다.

— 피터 드러커(Peter Drucker)

위대한 리더는
말보다 행동으로 보여준다.

— 워렌 베니스(Warren G. Bennis)

비전 없이는 사람들이 방황하지만,
실행력 없이는 아무것도 이루어지지 않는다.

— 프로버브스(Proverbs)

103 실행력

리더십의 진정한 시험대는 실행이다.
결과만이 중요하다.

— 잭 웰치 (Jack Welch)

104 실행력

아이디어는 중요하지만,
실행하지 않으면 아무 소용이 없다.

— 토머스 에디슨(Thomas Edison)

105 실행력

리더는 실패를 두려워하지 말고
과감하게 도전해야 한다.

— 마하트마 간디 (Mahatma Gandhi, મોહનદાસ કરમચંદ ગાંધી)

106 실행력

두려움을 극복하고 모험을 감행하는 리더만이
변화를 이끌어 낼 수 있다.

― 프랭클린 루즈벨트(Franklin Delano Roosevelt)

107 실행력

비전만으로는 불충분하다.
비전에 모험이 더해져야만 한다.
높은 계단을 올려다보는 것만으로는
아무런 일도 일어나지 않는다.
계단을 직접 밟고 올라가야 한다.

— 바츨라프 하벨 (Václav Havel)

108 실행력

실패가 두려워 아무 시도도 하지 않는다면
삶 자체가 실패이다.

— 조엔 K. 롤링(J. K. Rowling)

109 실행력

반대 의견을 두려워하지 마라.
연은 바람에 맞서야만
하늘 높이 올라갈 수 있는 법이다.

— 해밀턴 라이트 마비 (Hamilton Wright Mabie)

110 실행력

우리에게 끔찍하게 치명적이었던 말은
"지금까지 항상 그렇게 해왔어"였다.
이말은 변화에 가장 치명적이다.

— 그레이스 호퍼(Grace Hopper)

111 실행력

첫 번째 단계는 무언가를 가능하게 만드는 것.
그 후에야 가능성이 생긴다.

— 엘론 머스크(Elon Musk)

112 실행력

나는 몇 날 며칠이고 생각에 생각을 거듭한다.

아흔아홉 번째 결론은 거짓이다.

백 번째가 되어야

비로소 옳은 결론에 다다른다.

— 아인슈타인 (Albert Einstein)

113 실행력

기회는 누구에게나 찾아오지만,
많은 사람들이 기회가 온 것을 알지 못한다.
기회를 잡는 유일한 방법은
날마다 유심히 살피는 것이다.

— 앨버트 E. 더닝 (Albert E. Dunning)

114 실행력

완벽하게 끝내려다 그만두는 것보다는
그냥 해내는 것이 낫다.

— 세릴 샌드버그(Sheryl Sandberg)

115 실행력

천하의 일은 하지 않는 것이 문제다.

— 체제공(蔡濟恭)

116 실행력

세상에는 두 가지 유형의 사람이 있다.
일이 일어나도록 만드는 사람과
일어나는 일을 지켜보는 사람이다.
당신은 어느 쪽인가?

— 루 홀츠(Lou Holtz)

117 실행력

처음에는 필요한 일부터 하라.

다음에는 가능한 일을 하라.

그러면 갑자기 자신이

불가능한 것을 하고 있음을 알게 될 것이다.

— 아시시의 프란치스코(Francis of Assisi)

118 실행력

그대가 할 수 있는 것, 아니면
할 수 있다는 생각이 드는 것이라도 상관없다.
그런 일이 있다면 바로 시작하라.
용기 속에는 그 일을 능히 할 수 있도록 하는
천재성과 힘, 마법이 모두 들어 있다.

— 요한 볼프강 폰 괴테 (Johann Wolfgang von Goethe)

119 실행력

적극적인 사람은
변화를 앉아서 기다리지 않는다.
그들은 필요한 것이 무엇인지 알고
남들보다 한발 앞선다.
원하는 것을 얻기 위해서든,
문제를 해결하기 위해서든 이들은 적극적이다.
관리자와 피관리자 위치에
모두 있어 본 사람으로서 단언하건대,
리더와 관리자들은 이 적극성을 사랑한다.
무모하고 모호하고 애매하게 보일지라도
추진력 있는 사람이 자신의 팀에 있으면
업무 진행이 매우 수월해지기 때문이다.

— 대니엘 할런 (Danielle Harlan)

120 실행력

나는 한 인간에 불과하지만,
오롯한 인간이다.
나는 모든 것을 할 수는 없지만,
무엇인가 할 수 있다.
그러므로 나는 내가 할 수 있는 것을
기꺼이 하겠다.

— 헬렌 켈러(Helen Keller)

121 실행력

우리가 해야 할 일은
끊임없이 호기심을 갖고
새로운 생각을 시험해보고
새로운 인상을 받는 것이다.

— 월터 페이터 (Walter Pater)

리더십을 쓰다

초판 1쇄 인쇄 2024년 7월 23일
초판 1쇄 발행 2024년 7월 30일

기획/마케팅 임주성
편집 송준기 윤소연
마케팅 총괄 임동건
마케팅 안보라
경영지원 임정혁 이지원

펴낸이 최익성
펴낸곳 플랜비디자인

표지디자인 윤소연
본문디자인 박은진

출판등록 제2016-000001호
주소 경기도 화성시 동탄첨단산업1로 27 동탄IX타워 A동 3401호

전화 031-8050-0508
팩스 02-2179-8994
이메일 planbdesigncompany@gmail.com

ISBN 979-11-6832-107-6 (03320)